L. HOUDARD

PRÉCIS JUSTIFICATIF

DE

l'Arrestation et de la Condamnation

DU

DUC D'ENGHIEN

MAURICE MIRVAULT
IMPRIMEUR
69-71 — Rue au Pain — 69-71
SAINT-GERMAIN-EN-LAYE

1913

PRÉFACE

La mort du duc d'Enghien est une tache dont l'Histoire n'a point lavé la mémoire de Napoléon, et dont il semble qu'elle doive demeurer souillée.

Le nom du dernier des Condé se dresse encore auprès de celui du vainqueur de l'Europe, comme un accusateur toujours présent qui lui reproche un crime, devant lequel pâlissent toutes ses gloires, et qui donne à ses malheurs l'apparence d'une expiation.

J'ai voulu, par le simple exposé des faits, et le rapprochement des pièces diverses qui ont été soit les chefs d'accusation soit les chefs de condamnation, prouver qu'il n'y a rien de plus, dans cette exécution, que la rigueur de lois encore en vigueur à cette époque, l'exceptionnelle et critique situation dans laquelle se trouvait le prince vis-à-vis de la République et de son chef; et démontrer que rien, dans la conduite de Bonaparte, ne justifie la réputation qu'on se plait à lui faire.

Pour atteindre ce but, je me suis référée aux pièces authentiques, lettres, décrets, procès-verbaux, réunis par M. le comte Boulay de la Meurthe, dans ses trois volumes de la « Correspondance du duc d'Enghien ». On verra, en consultant ce précieux ouvrage, que pas une ne demeure sans références dignes de foi.

J'ai dû, pour la plus grande intelligence des faits, rechercher les témoignages des acteurs du drame, et particulièrement ceux de Napoléon sans lesquels on ne peut prétendre juger ni comprendre les actes de sa politique envers la Cour de Baden et la personne du duc d'Enghien. J'ai puisé ces témoignages dans deux ouvrages dont l'opinion publique a cru faire depuis longtemps justice, et qu'elle n'a pu que calomnier : le *Mémorial de Sainte-Hélène* du comte de Las

Cases, *Napoléon dans l'exil* du docteur O'Méara. Malgré le discrédit qui fut jeté sur eux, malgré les soupçons que les historiens ont émis sur leur exactitude, j'ai voulu les consulter, et avoir égard à leurs affirmations ; car leur similitude absolue dans les récits, dans la manière dont s'exprime l'Empereur, et l'interdiction que ces auteurs se donnèrent, individuellement, de reproduire de mémoire certains traits de conversation (1), dont ils ne se souvenaient pas suffisamment, sont, nous le croyons, la preuve de leur loyauté.

Rapprochons les faits du règne impérial des versions de MM. de Las Cases et O'Méara, nous reconnaîtrons qu'ils ont donné au monde, par leurs recueils, une œuvre unique, et qu'ils sont, pour ainsi dire, la copie l'un de l'autre, en tout conformes à la vérité historique.

Remarquons aussi que les préventions marquées de M. de Las Cases pour le médecin irlandais, ont constamment empêché tous rapports entre eux, et par conséquent toute entente sur telle ou telle culpabilité de Napoléon qu'ils auraient pu vouloir cacher (2).

Ces auteurs écrivent que Napoléon leur parla d'une lettre que le duc, après son arrestation, lui aurait écrite à Strasbourg pour lui offrir ses services. On voit, dans *Napoléon dans l'exil,* que M. O'Méara tint, lui-même, à s'assurer du fait (3), qu'il a même questionné l'Empereur sur ce sujet; toutes les réponses qui lui furent faites concordent entre elles et attestent la croyance que garda Napoléon de la véracité de cette lettre. M. de Las Cases en parle également (4), et c'est l'Empereur qui lui apprend, comme à M. O'Méara, que Talleyrand avait gardé la lettre jusqu'après l'exécution du prince. Tous croyaient donc à son authenticité.

---

(1) *Mémorial de Sainte-Hélène,* 4 août 1816. — *Napoléon dans l'exil,* 4 avril 1817, note 1.

(2) *Mémorial de Sainte-Hélène,* résumé des mois de juillet, août, septembre et octobre 1816.

(3) *Napoléon dans l'exil,* 20 mars, 22 mai 1817.

(4) *Mémorial de Sainte-Hélène,* 20 novembre 1816.

L'inauthenticité de cette pièce, très certainement fausse, est, au contraire, prouvée par la lettre du baron de Saint Jacques (1), publiée en réfutation d'erreurs répandues dans les *Mémoires* du duc de Rovigo, qui, lui comme les précédents, fait de cette lettre une pièce authentique, adressée par le duc lui-même au premier Consul.

Malgré le prétendu témoignage de Napoléon devant le docteur Warden, dont parle M. Boulay de la Meurthe (2), ces paroles de l'Empereur à O'Méara : « Warden a mal compris ce qu'on lui a dit ; car il y a dans son ouvrage plusieurs erreurs qui ne peuvent provenir que d'une fausse interprétation. Warden n'entend pas le français... Il a mis dans ma bouche des expressions indignes de moi », etc. (3), prouvent assez que ce n'est pas dans cet auteur qu'il faut chercher la vérité.

Napoléon n'a pas pu déclarer au docteur Warden qu'il n'avait rien reçu du prince après la sentence de mort, puisque, demandant à son médecin ce que ce personnage disait, dans son livre, de l'affaire du duc d'Enghien, celui-ci répondit : « Qu'il assurait que Talleyrand avait retenu une lettre du duc longtemps après son exécution et qu'il attribuait sa mort à Talleyrand ». Napoléon aurait répondu : « Il n'y a pas de doute à cela » (4), confirmant ainsi ce qu'il avait plusieurs fois raconté.

Lequel dit vrai ? Warden qui ne put entendre Napoléon que par un interprète, ou O'Méara qui discourait librement avec lui en italien ? L'hésitation est impossible.

Nous remarquons également que, après avoir reçu Warden à Longwood, le comte de Las Cases qui lui avait donné de

---

(1) M. le baron de Saint Jacques dit : « ...Je n'ai pas quitté un seul moment Mgr le duc d'Enghien dans la citadelle de Strasbourg... il n'a point écrit ni à Bonaparte, ni à qui que ce soit. »

Boudard (de l'Hérault), Mémoires, lettres et pièces authentiques, touchant la vie et la mort de S.A.S. Monseigneur le duc d'Enghien. Note G., p. 268.

(2) Boulay de la Meurthe, *Corr. du duc d'Enghien*, t. III, Introd.

(3) *Napoléon dans l'exil*, 10 mars 1817.

(4) *id.* 5 mars 1817.

nombreux éclaircissements, se plaignit de lui en ces termes : « J'ai vu avec regret, dans l'ouvrage du docteur, qu'il avait tout à fait négligé les observations et les redressements que je m'étais permis, et surtout étrangement défiguré les communications que je m'étais plu à lui donner (1) ».

En plus des ouvrages déjà cités, on me verra invoquer l'*Histoire de Napoléon*, de Norvins : ses paroles à la séance du Conseil d'Etat du 24 mars 1804; l'*Histoire du Consulat et de l'Empire*, de Thiers; enfin *Le Duc d'Enghien*, de Henri Welschinger.

Je cite fréquemment cette œuvre dans le but, soit de m'appuyer sur un document dont l'auteur a enrichi l'Histoire, soit de combattre quelques-unes des nombreuses hypothèses qu'il a soulevées.

2 Octobre 1912. L. H.

(1) *Mémorial de Sainte-Hélène*, 19 mai 1816. N. B.

PREMIÈRE PARTIE

L'ARRESTATION

Ses causes.

Sa justification. Ses suites.

I

Dès l'année 1801, commencèrent contre le premier Consul, des tentatives d'assassinat, qui devaient, pendant trois ans, se multiplier jusqu'à l'extrême, et ne cesser qu'à la mort du duc d'Enghien.

Ces conspirations, en jetant le trouble à l'intérieur de la France, furent, jusqu'en 1804, la cause formelle de l'extension à l'étranger des espionnages et des manœuvres secrètes de la police consulaire; et, chose importante à constater, la rigueur des lois n'aurait pas eu, sans elles, l'occasion de saisir un prince de Bourbon sur un territoire allié : sans elles, le gouvernement français eût ignoré jusqu'à son existence.

Les complots de l'extérieur, voilà donc le tout premier motif de l'arrestation du duc d'Enghien ; et il demeure constant que les nobles émigrés qui formaient l'entourage du comte d'Artois, et ce prince lui-même, par leurs intelligences plus ou moins directes dans les complots, en sont les premiers responsables. Napoléon devait un jour le déclarer dans ses *Mémoires :* « La mort du duc d'Enghien, dit-il, doit être attribuée aux personnes qui dirigeaient et commandaient de Londres l'assassinat du premier Consul, et qui destinaient le duc de Berry à entrer en France par la falaise de Béville, et le duc d'Enghien par Strasbourg » (1). « Car, ajoute-t-il ailleurs, ou ils y avaient fait tremper le malheureux prince, et par là ils avaient prononcé son sort ; ou, en ne lui en donnant pas connaissance, ils l'avaient laissé dormir imprudemment sur le bord du précipice, à deux pas de la frontière, quand on allait frapper un si grand coup au nom et dans les intérêts de sa famille » (2). L'irritation croissante de la police contre des assassins demeurés insaisissables pendant de longs

(1) *Hist. Napoléon*, A. de Norvins, chap. III, livre sept.

(2) *Mémorial de Sainte-Hélène*, 20 novembre 1816.

mois ; la vague inquiétude qui régnait en France, dans l'attente incertaine d'une guerre civile ou étrangère ; la lassitude du premier Consul sans cesse menacé de tomber dans les pièges qui lui étaient tendus ; ces dispositions générales, en s'aggravant par les événements, devaient rendre la justice plus forte et plus prompte : elle ne se fit pas attendre ; les aveux de plusieurs accusés devaient la seconder.

« On découvrit, dit Napoléon à Sainte-Hélène, d'après les réponses de plusieurs conspirateurs, qu'un homme nommé Mussey, *qui était à Offenburg avec le duc d'Enghien*, entretenait des correspondances avec ceux qui avaient été débarqués sur les côtes, et leur faisaient passer de l'argent (1) ». Cette circonstance est digne de remarque : les acteurs du complot, venant de Londres sur le vaisseau du capitaine Wright, on savait donc en Angleterre sur quel territoire se tenait le duc d'Enghien et quels dangers il pouvait courir.

Ce renseignement ne fut pas perdu pour la police : à peine connut-elle le séjour du duc d'Enghien auprès de nos frontières, qu'elle envoya dans les états de Baden, un citoyen suspect, Méhée de la Touche, espion plutôt qu'ambassadeur, et dont l'habileté éprouvée le rendait apte à ce que le ministère de la justice demandait de lui en cette circonstance : il s'agissait de capter la confiance des émigrés réunis à Offenburg et de recueillir d'eux les détails cherchés sur le prince, sa vie, son entourage, ses intentions.

Méhée connaissait déjà M. de Mussey, qui avait en lui la confiance que peut inspirer un soi-disant ami des Anglais à des gens qui n'espèrent que dans le gouvernement britannique.

Le succès des démarches de la police était donc assuré. Méhée de la Touche, parti de Strasbourg le 26 février 1804, y revint des Etats de Baden le lendemain 27 (2). Quelques heures avaient suffi pour prendre les renseignements attendus :

---

(1) *Napoléon dans l'exil*, O'Méara, 20 mars 1817.

(2) *Correspondance du duc d'Enghien*, Boulay de la Meurthe, t. II, pièce 293.

M. de Mussey avait révélé l'espérance que concevaient les émigrés en faveur du duc d'Enghien, leur chef désigné pour un coup de main probable, et la part active que ce dernier souhaitait prendre à toute entreprise contre la France.

La note explicite de Méhée de la Touche, envoyée le 28 février à Paris, ayant été perdue, nous ne pouvons en connaître les termes précis. Mais il est certain que les confidences de M. de Mussey donnèrent prise, une seconde fois, aux soupçons déjà éveillés sur le duc d'Enghien, seul prince de Bourbon se trouvant sur le continent, et, de plus, semblant être, d'une manière certaine, un acteur diligent des conspirations qui troublaient alors le gouvernement français : Napoléon l'expliqua plus tard à M. O'Méara. « On découvrit par les révélations de plusieurs conspirateurs, dit-il, que le duc d'Enghien était un des complices, et qu'il n'attendait, sur les frontières, que la nouvelle de mon assassinat pour rentrer en France en qualité de lieutenant du roi (1) ».

Juste ou faux, ce renseignement saisi dans les réponses des accusés devait former, pendant dix-sept jours consécutifs, le principal chef d'accusation dressé contre le duc d'Enghien ; encore ne devait-il pas tomber entièrement, faute de preuves contraires.

Dans la nuit du 29 février au 1er mars, arriva, à Paris, le courrier porteur des rapports de Méhée de la Touche. En quelques heures, le ministère de la justice dans la personne du Grand Juge et de son secrétaire, la police secrète dans la personne de M. Réal, étaient avertis du complot, et M. de Talleyrand se saisit des nouvelles et s'en fit le porte-paroles auprès du premier Consul.

Il est intéressant d'étudier, par les faits, le rôle de ce ministre dans l'affaire d'Ettenheim. Le ministre de la justice et le chef de la police secrète, agissaient en vertu de leurs pouvoirs lorsqu'ils employaient Méhée de la Touche à des espionnages en Allemagne ; la difficulté des temps les nécessitaient :

(1) *Napoléon dans l'exil*, 20 mars 1817.

lorsqu'un Etat est bouleversé pendant de longues années et qu'à peine remis de ses secousses il lui faut, non seulement lutter, mais encore se préserver de tout ce qui peut être une emprise de l'ennemi sur lui, il doit s'abstenir de tout procédé pacifique à l'égard de nations dont les agissements sont équivoques. Tel était le cas de la France ; elle restait sur le pied de guerre : les difficultés éprouvées jadis au moment de conclure les traités de Lunéville, la rupture de la coalition du Nord par Alexandre Ier, la récente rupture du traité d'Amiens exigeaient de sa part une excessive réserve.

Talleyrand, lui, n'avait aucune raison, ni politique ni privée, d'agir ainsi qu'il le fit : ministre des affaires étrangères, il sortit de son rôle, tout de diplomatie et de correspondance avec les nations ; son vénal dévouement à Bonaparte lui fit franchir les bornes de son ministère pour mettre en valeur les crimes soupçonnés du descendant des Condé.

Voici comment Napoléon s'exprime à ce sujet : « J'étais seul un jour ; je me vois encore à demi-assis sur la table où j'avais dîné, achevant de prendre mon café ; on accourt, (M. de Talleyrand) m'apprendre une trame nouvelle ; on me démontre avec chaleur qu'il est temps de mettre un terme à de si horribles attentats : qu'il est temps enfin de donner une leçon à ceux qui se sont fait une habitude journalière de conspirer contre ma vie ; qu'on n'en finira qu'en se lavant dans le sang de l'un d'entre eux ; que le duc d'Enghien devait être cette victime puisqu'il pouvait être pris sur le fait, faisant partie de la conspiration actuelle ; qu'il avait paru à Strasbourg ; qu'on croyait même qu'il était venu jusqu'à Paris ; qu'il devait pénétrer par l'Est au moment de l'explosion, tandis que le duc de Berry débarquerait par l'Ouest » (1).

Cette sortie emporte ce qui peut rester de calme dans l'âme du premier Consul. Bercé par l'espoir, si souvent trompé, de saisir un prince de Bourbon pour infliger à cette famille un sanglant exemple et « lui enseigner à se tenir tran-

(1) *Mémorial de Sainte-Hélène*, 20 novembre 1816.

quille » (1), quel peut être l'état d'esprit de Napoléon? Il nous l'apprend lui-même. « Mais alors, m'écriai-je, il faut s'en saisir et donner des ordres en conséquence ». Et il ajoute ensuite : « Les pièces se trouvèrent toutes prêtes, il n'y eut qu'à signer, et le sort du prince se trouva décidé » (2).

Il est strictement exact de dire que, pour arrêter le duc d'Enghien, il a fallu Talleyrand : sans lui, Bonaparte, irrité il est vrai, mais non jusqu'à l'extrême, serait nécessairement resté incertain sur les charges accusatrices et aurait attendu les pièces ; sans Talleyrand qui lui donna pour certains des renseignements peu fondés, Bonaparte aurait peut-être mis ses soins à faire éloigner le prince, non à procéder à un si retentissant enlèvement ; ainsi qu'il l'a dit : « Si j'eusse connu plus tôt ce voisinage et son importance, certes je ne l'eusse pas souffert ; et cet ombrage de ma part, par l'événement, lui eût sauvé la vie » (3).

Ainsi, dans cet entretien, Talleyrand instruisit Bonaparte sur la position du duc d'Enghien dont le nom et le rôle, totalement inconnus de lui, provoquèrent ses questions ; il lui rapporta les renseignements donnés par Méhée de la Touche sur la part prise par le duc dans les complots contre sa personne, et l'encouragea à prendre les mesures sévères que dictaient, contre les conspirateurs, les lois révolutionnaires.

La police, pendant ce temps, agissait avec prudence. Elle députa Rosey, chef de bataillon, sur la même piste que Méhée de la Touche ; quoique sa mission n'ait point été absolument officielle, son résultat ne laisse pas que d'être étrange : « Il confirma, dit Napoléon (4), le rapport de Méhée, que le duc d'Enghien était impliqué dans un complot dont le but était de terrasser le premier Consul n'importe par quels moyens ».

Tant de preuves apparentes, en exaltant les hautes têtes de l'administration, décidèrent irrévocablement le premier

(1) *Hist. du Consulat et de l'Empire*, t. IV, mars 1804.

(2) *Mémorial de Sainte-Hélène*, 20 novembre 1816.

(3) *Mémorial de Sainte-Hélène*, 20 novembre 1816.

(4) *Napoléon dans l'exil*, 20 mars 1817.

Consul à un acte, violent sans doute, mais légitime. Frappé des renseignements que lui donna Talleyrand, ce 1er Mars, il ordonna à Réal d'écrire à M. Shée, préfet de Strasbourg, dans le but de s'enquérir si le duc d'Enghien était toujours sur le territoire badois (1).

Ce fut un malheur de plus pour le prince, l'expertise ayant été faite par un capitaine de gendarmerie (2) hors d'état de comprendre l'accent allemand qui déformait inévitablement les noms français ; son rapport citait Dumouriez parmi les résidents d'Ettenheim : or, Dumouriez, traître à sa patrie, servait l'étranger particulièrement comme espion, partout où la haine européenne se montrait active contre nous. Il n'y avait plus de doutes possibles : Dumouriez, avec le duc d'Enghien, c'était, sinon le complot ouvert contre la vie de Bonaparte, du moins le projet, clairement affiché, de la guerre contre la République.

C'étaient deux causes pour une qui justifiaient l'arrestation.

---

(1) *Corresp. du duc d'Enghien*, Boulay de la Meurthe, t. II, p. 180.
(2) *id.* *id.* id. id. p. 192

II

La Révolution, dans ses plus mauvais jours, avait décrété ne plus reconnaître de titres à ceux qui en étaient qualifiés, et rayé définitivement les princes français de toutes les amnisties futures. La terrible consigne ne devait être levée par aucun des gouvernements qui régirent la France jusqu'à la Restauration. En vain invoquera-t-on, désormais, le Sénatus Consulte du 7 Floréal an X (1) pour prouver que les lois révolutionnaires étaient abrogées en faveur des émigrés ; que, par conséquent, on ne devait point saisir le duc d'Enghien : pour les princes français, il n'y avait point d'amnistie. La réprobation continuait à peser sur le duc comme sur sa famille, loi sévère, il est vrai, mais loi de justice, les Bourbons entretenant, avec une constance inlassable, les relations les plus suivies avec nos pires ennemis.

Bien plus, le Sénatus Consulte, titre Ier, article X, porte involontairement sur les actes et les projets du duc d'Enghien, en ces termes : « Sont exceptés de la présente amnistie : 1° les individus qui ont été chefs de rassemblements armés contre la République ; 2° ceux qui ont eu des grades dans les armées ennemies... ; 4° ceux qui sont connus pour avoir été ou pour être actuellement moteurs ou agents de guerre civile ou étrangère », etc.

Or, le duc d'Enghien souhaita *officiellement* se faire chef de rassemblements de déserteurs (2) ; il eut des grades dans les armées ennemies ; par cet acte et par cette situation, comme par son désir de combattre dans les rangs de l'étranger, il méritait toute la sévérité des lois de la République. Ces lois pouvaient-elles être invoquées à l'appui de l'enlèvement

(1) *Moniteur Universel*, 7 Floréal an X. Intérieur.

(2) Welschinger, *Le duc d'Enghien*, p. 250. Note à Sir Charles Stuart, 15 février 1804.

du prince? Nous citons ici celles qu'invariablement les historiens nous rappèllent : les lois du 28 mars 1793 et du 25 Brumaire an III disent que les émigrés qui, ayant porté les armes contre la France seront arrêtés, soit en France, soit en pays ennemis ou conquis, seront jugés par une commission militaire de cinq membres, nommés par le chef d'état-major de la division de l'armée dans laquelle ils auraient été saisis.

La loi du 19 Fructidor an V stipule les mêmes dispositions pour ce qui concerne les arrestations, porte à sept le nombre des commissaires, et déclare qu'ils seront nommés par le général commandant la division dans laquelle les coupables auraient été arrêtés (1).

On ne peut appliquer ces lois au duc d'Enghien ; il est inutile de les invoquer : en effet, la charge initiale qui devait, à quelques jours de là, faire condamner le prince, *le port des armes contre la France* expressément indiqué dans ces lois, était alors inconnue du gouvernement français. Ce ne peut donc être que par une convention de pure nécessité que l'on opéra l'arrestation du duc d'Enghien.

Les bases de cette convention furent posées le 10 mars, en séance privée des Consuls, assistés de Talleyrand, du Grand Juge et de Fouché, rappelé au ministère de la police par la gravité des derniers événements.

MM. de Talleyrand et de Cambacérès furent les deux chefs d'opinions contraires dans la discussion (2). Talleyrand proposa d'enlever le duc en envoyant une lettre d'excuse, pour la forme, à l'Electeur de Bade ; Cambacérès fit valoir qu'un tel acte imprimerait un caractère de violence à la politique consulaire, et qu'il serait grave de saisir un prince sur le sol étranger, quand il avait pour lui toutes les apparences de l'innocence. Enfin, il proposa de faire arrêter le duc d'Enghien, lorsqu'on pourrait le faire en France et le surprendre en flagrant délit. Tayllerand répondit alors qu'il ne fallait plus

(1) Welschinger, *Le duc d'Enghien*, pp. 322-323.

(2) D'après Pasquier, *Mémoires*, t. I, p. 178.

espérer que le prince viendrait se faire prendre en deçà des frontières, tandis que Cadoudal et Pichegru étaient arrêtés avec de nombreux complices; qu'il faudrait punir dix fois pour une, sacrifier d'autant plus de vies, au lieu qu'en l'arrêtant à Ettenheim, on aurait, dans ses papiers, les preuves de sa culpabilité, qu'alors on agirait en connaissance de cause (1). Le plaidoyer de Talleyrand, digne de ce merveilleux diplomate, fut mieux compris que celui de Cambacérès; c'est qu'il parlait selon la nécessité présente, selon l'évidence, et répondait au désir, très prononcé chez tous, d'en finir avec tous ces brigands.

Le ministre de la justice, par son acquiescement à l'enlèvement, prouva que le coup d'éclat était urgent, ainsi qu'il l'avait manifesté le 7 mars, au sujet des conspirateurs d'Offenburg : « Je vous demande, citoyen premier Consul, avait-il dit, dans son rapport, de faire demander à Son Altesse Sérénissime l'Electeur de Baden, l'extradition immédiate de Mussey, Trident et de leurs complices » (2).

Quelle fut, dans cette séance du 10 mars, la conduite de Bonaparte? Les historiens sont unanimes à dire que sa résolution était prise; la plupart y voient le cynisme le plus odieux, la froideur d'une décision cruelle.

Au nom de quel principe le premier Consul eût-il pu hésiter devant une arrestation qu'il jugeait nécessaire à la sûreté de l'Etat et à sa propre conservation? L'homme politique est-il donc voué d'avance à périr victime de ses complaisances, alors que l'homme privé est protégé par les lois?

La situation de Bonaparte vis à vis de la France n'excluait pas, en lui, la nature qui cherchait à se défendre d'un péril qu'il jugeait imminent.

Sur son roc, il en ressentait encore les impressions lointaines : « Quoi, s'écriait-il, journellement, à cent cinquante

(1) Pour les détails de la séance, voir *Hist. du Consulat et de l'Empire*, t. IV, p. 592.

(2) *Corresp. du duc d'Enghien*, Boulay de la Meurthe, t. II, p. 186.

lieues de distance, on me portera des coups à mort ! Aucune puissance, aucun tribunal de la terre ne saurait m'en faire justice, et je ne rentrerais pas dans le droit naturel de rendre guerre pour guerre » (1). On voit, par cette exclamation, combien, après douze années, le sentiment d'indignation légitime était fort en lui, et primait dans cette épineuse question.

Napoléon n'eut jamais un remords sur cette arrestation exemplaire (2); il n'hésita pas à accepter la lettre d'excuse dont avait parlé M. de Talleyrand, et que celui-ci écrivit le jour même à l'Electeur de Bade qui avait été constamment l'objet de la bienveillance du gouvernement français.

Le premier Consul avait sujet d'être irrité contre l'Electeur ; le séjour du duc d'Enghien à Ettenheim, vu les dispositions de celui-ci, était une violation du traité de Lunéville dont l'art. 1er dit : « Il ne sera donné aucun secours et protection, soit directement, soit indirectement, à ceux qui voudraient porter préjudice à l'une ou à l'autre des parties contractantes ».

Talleyrand écrivit dans ce sens au baron d'Edelsheim (3) : « Le soussigné, dit-il, est chargé de demander formellement que les individus du comité d'Offenburg soient arrêtés et livrés avec tous leurs papiers aux officiers français chargés de les recevoir à Strasbourg. La réclamation officielle que le soussigné présente à cet égard, dérive du texte même de l'art. 1er du traité de Lunéville » (4).

M. de Talleyrand va plus loin : la violation d'un traité est chose si grave qu'il écrira le 19 mars à M. de Champagny, notre ambassadeur à Vienne, lui donnant mission de s'expliquer officiellement sur les arrestations et sur les mesures d'expulsion qui allaient être appliquées dans l'Electorat : « C'est un acte de précaution, lui écrit-il, une mesure d'utilité réciproque, qui se lie d'ailleurs à l'exécution du traité de

---

(1-2) *Mémorial Sainte-Hélène*, 20 novembre 1816.

(3) Secrétaire particulier de l'Electeur de Baden.

(4) *Corresp. du duc d'Enghien*, t. II, note Talleyrand à Edelsheim, 10 mars 1804.

Lunéville, art. 1er, et que vous êtes autorisé à requérir par une note officielle, s'il est besoin » (1).

La demande fut donc faite dans les formes requises. L'Electeur de Baden devait en être averti le 13 mars au plus tard ; mais, par un retard inexpliqué, cette lettre, envoyée au baron d'Edelsheim par l'entremise de M. Massias, partit de Paris en même temps qu'une autre, adressée au même personnage, par l'entremise de M. de Caulaincourt, celle-ci datée du 11 mars, prévenant l'Electeur de l'envahissement de ses Etats par « deux petits détachements » et l'assurant que les troupes observeraient « tous les égards que Son Altesse peut désirer » (2).

Les deux lettres subirent un nouveau retard de vingt-quatre heures, ainsi que le prouve la lettre suivante : au citoyen Caulaincourt.

« Paris, 21 Ventôse an XII (12 mars 1804).

« Général,

« J'ai l'honneur de vous adresser une lettre pour le baron « d'Edelsheim, ministre principal de l'Electeur de Baden. « Vous voudrez bien la lui faire parvenir, aussitôt que votre « expédition d'Offenburg sera consommée » (3).

De plus, les deux réponses du baron d'Edelsheim à Talleyrand au sujet des arrestations d'Ettenheim sont datées des 16 et 17 mars (4). M. Boulay de la Meurthe dit qu'il ne reçut les lettres des 10, 11 et 12, que le 15 mars ; la vérification de ce fait se trouve dans les lettres de M. Massias à Talleyrand, datées de Karlsruhe la première du 24 Ventôse, la seconde du 25, à deux heures du matin (5).

(1) *Corresp. du duc d'Enghien*, t. II, pièce 340. Talleyrand à Champagny, 19 mars 1804.

(2) Welschinger, *Le duc d'Enghien*, p. 270.

(3) id. *id.* p. 269.

(4) *Corresp. du duc d'Enghien*, Boulay de la Meurthe, t. II, p. 358 annexes 1 et 2.

(5) *Corresp. du duc d'Enghien*, Boulay de la Meurthe, t. II, p. 263-264.

Que nous reste-t-il à penser de M. de Talleyrand ? A-t-il voulu ôter à l'Electeur le choix d'admettre ou de refuser une extradition indispensable à la France? A-t-il pensé, comme il le dit au conseil du 10 mars, que c'était rendre un service au gouvernement de Baden, que de prendre le prince sans le lui demander, « car, ainsi qu'il l'explique, il lui serait impossible de refuser l'extradition à une puissance comme la France, et il serait mis au ban de l'Europe pour l'avoir accordée » (1).

Cela est probable, vu l'étrange libellé de sa lettre à Caulaincourt « aussitôt que votre expédition d'Offenburg sera consommée ». Il n'en est pas moins exact que sa correspondance arriva à Karlsruhe le 15 à midi, alors que tout était fini de la nuit précédente.

L'Electeur de Baden, coupable d'avoir violé son traité d'alliance, dut courber la tête ; il le fit d'autant plus aisément que le grand tort était de son côté ; la lettre de M. de Dalbert à Talleyrand, du 23 mars, édifie complètement sur ce point (2).

Le duc d'Enghien, il est vrai, était établi à Ettenheim durant les derniers mois de la vie du cardinal de Rohan ; mais sa grande faute fut d'outre-passer la permission temporaire que lui avait donnée l'Electeur (3), de demeurer encore quelque temps dans ce pays, et de méconnaître totalement le traité qui liait ce prince au gouvernement de la République.

De son côté, celui-ci, au lieu de se borner à « sonder indirectement » les dispositions du gouvernement (4), y manqua, en tolérant *sans permission officielle* la présence d'un prince de Bourbon si près des frontières françaises.

(1) *Hist. du Consulat et de l'Empire*, t. IV, p. 592.

(2) *Corresp. du duc d'Enghien*, Boulay de la Meurthe, t. II, p. 365, annexe 3.

(3) *id.* *id.* id. t. I, pièces 80-81.

(4) *id.* *id.* id. t. II, Dalbert à Talleyrand.

« La violation du territoire de Bade, sur laquelle on s'est tant récrié, dira un jour Napoléon, demeure étrangère au fond de la question. L'inviolabilité du territoire n'a pas été imaginée dans l'intérêt des coupables, mais seulement dans celui de l'indépendance des peuples et de la dignité du prince » (1).

(1) *Mémorial de Sainte-Hélène*, 20 novembre 1816.

III

Les opinions de Bonaparte sur le duc d'Enghien furent promptement modifiées. Les charges accusatrices, incertaines au début de l'affaire, changèrent brusquement d'objet, sans pour cela devenir légères.

Aux soupçons qui paraissaient établis sur les relations du prince avec Dumouriez et Pichegru, succéda bientôt une certitude des plus graves. Le duc avait porté les armes contre la France ; il cherchait à entrer au service de la première puissance qui lui ferait la guerre « pour le rétablissement de ce qu'il ne devait jamais perdre de vue » (1).

Or, ainsi que nous l'avons dit, à la suite de M. Thiers, les lois existantes punissaient de mort les émigrés au service de l'étranger, aussi bien que les déserteurs et les espions auxquels, du reste, elles les assimilaient.

Ce qui provoqua ce complet revirement fut, d'abord, une note du Grand Juge au premier Consul, contenant les renseignements pris sur le duc d'Enghien qu'il connaissait déjà, ainsi que le prouve cette phrase : « Je l'ai recommandé plusieurs fois à la surveillance des bords du Rhin » (2). Des renseignements, on tira deux charges : le duc d'Enghien avait servi à l'armée de Condé *dans les rangs de la Prusse ;* il recevait 250 livres sterling par mois, traitement de général réformé *que lui faisait l'Angleterre.*

Le duc d'Enghien fournissait ainsi de quoi dresser contre lui un acte d'accusation terrible : les papiers saisis à Ettenheim allaient compléter quelques jours plus tard le dossier qui devait rendre la sentence fatale.

Entre la note du Grand Juge et la signature de la sentence, rien ne vint décharger le prince des accusations qui pesaient

(1) *Mémoires de la Maison de Condé*, Condé à Enghien, 30 avril 1803.

(2) Welschinger, *Le duc d'Enghien*, p. 268.

sur lui ; elles étaient d'ailleurs fondées : sa lettre au marquis de Vauborel et une partie de ses papiers, connus trop tard (1), n'auraient pu servir qu'à affirmer son horreur des conspirations, chose connue bientôt après, puisque les questions posées au jugement, non plus que celles adressées par Bonaparte à Réal, le 20 mars, ne portent en quoi que ce soit sur ce premier soupçon.

Le 17 mars, le général Moncey, commandant en chef de la gendarmerie, reçut du colonel Charlot le compte rendu de l'expédition d'Ettenheim, donnant la liste des personnes arrêtées en même temps que le duc d'Enghien : Dumouriez ne s'y trouve pas nommé. Dès lors, le premier Consul peut être certain qu'il y a eu erreur dans les noms ; d'autant plus que le duc assura à Charlot « que Dumouriez n'était point venu à Ettenheim. Qu'il serait cependant possible qu'il eût été chargé de lui apporter des instructions de l'Angleterre ; mais qu'il ne l'aurait pas reçu, parce qu'il était au-dessous de son rang d'avoir affaire avec de pareilles gens » (2). Cette affirmation suffit au gouvernement français ; l'accusation au sujet de Dumouriez tomba d'elle-même. Mais le duc avait ajouté : « Qu'il estimait Bonaparte comme un grand homme, mais qu'étant prince de la famille de Bourbon, il lui avait voué une haine implacable ainsi qu'aux Français auxquels il ferait la guerre dans toutes les occasions ».

Les griefs du premier Consul ont changé. Le duc d'Enghien n'est pas un conspirateur contre sa personne, c'est un Français qui veut se battre dans les rangs de l'ennemi : qu'il soit prince ou particulier, il n'en est pas moins coupable ; si sa naissance constitue pour lui une circonstance atténuante, s'il mérite l'indulgence, la loi révolutionnaire s'en soucie fort peu : le prince est arrêté, il sera jugé, non sur sa part dans les complots royalistes, mais pour ses projets antipatriotiques : son exécution devient facile à prévoir.

---

(1) *Corresp. du duc d'Enghien*, Boulay de la Meurthe, t. I, p. 450, note 1.
(2) *id.* id. t. II, p. 230.

Le 19 mars, au matin, arriva à la Malmaison, le courrier porteur du procès-verbal d'ouverture des papiers du duc d'Enghien, saisis à Ettenheim, et dépouillés à Strasbourg par les nommés Popp, Charlot et Sauveton (1).

Sur ce dossier, aujourd'hui détruit, il ne nous reste que des hypothèses à faire ; cependant, il est bien certain que le premier Consul vit les lettres écrites au général d'Ecquevilly, ainsi que le démontre le procès-verbal, en ces termes : « Savoir : 2° la correspondance du duc d'Enghien avec le général d'Ecquevilly, à Vienne, composée de neuf pièces cotées et paraphées » (2). Or, cette correspondance est d'une très haute importance : à lui, en effet, le duc confiait ses espérances de rentrer dans une armée quelconque, et c'est lui qui fut chargé plusieurs fois d'implorer pour le prince la faveur de servir n'importe quelle puissance contre la France : la lettre du duc d'Enghien à sir Charles Stuart, du 15 février 1804, le prouve entièrement; il y est dit : « M. le général d'Ecquevilly m'ayant rendu compte, Monsieur, de l'empressement avec lequel vous aviez bien voulu vous charger de faire connaître au gouvernement mon désir d'être employé dans le cours de cette guerre, et de l'obligeance particulière que vous lui avez marquée pour ma personne, je me fais un plaisir de vous témoigner toute ma sensibilité à cette marque d'intérêt de votre part » (3).

Il se peut que cette lettre ait été connue du premier Consul; nous prouvons qu'il a certainement lu celle du 15 janvier : le duc y avait écrit le résumé de sa vie en exil ; il y traitait le premier Consul d'ennemi commun, et demandait s'il ne lui serait pas permis de former une légion de déserteur français, ajoutant qu'un long séjour près du Rhin l'avait mis à même de constater qu'ils étaient nombreux (4).

(1) *Corresp. du duc d'Enghien*, Boulay de la Meurthe, t. II, p. 230.

(2) *Corresp. du duc d'Enghien,* Boulay de la Meurthe, t. III, p. 538.

(3) Welschinger, *Le duc d'Enghien*, p. 250, Enghien à M... à Vienne.

(4) *Corresp. du duc d'Enghien*, Boulay de la Meurthe, t. I, p. 457, pièce 226.

Or, l'interrogatoire adressé par Bonaparte à Réal, dit (1) : « 5° N'avez-vous pas proposé de lever une légion et de faire déserter les troupes de la République, en disant que votre séjour pendant deux ans près des frontières vous avait mis à même d'avoir des intelligences avec les troupes qui sont sur le Rhin ? »

Le duc d'Enghien, déjà classé dans la catégorie des rebelles, se vit, par sa demande imprudente et coupable, appliquer les lois sur l'espionnage et l'embauchage au profit de l'étranger.

On ne saurait, en ce cas là, crier à l'injustice : le gouvernement jugea sur pièces ; les papiers accusateurs avaient parlé, rien ne pouvait adoucir le sort futur du prince.

On a beaucoup discuté sur la note explicative du duc d'Enghien, écrite à la suite du procès-verbal d'ouverture de ses papiers ; nous croyons bien faire en la reproduisant.

« La carrière militaire étant désormais la seule dans laquelle je puisse, après les malheurs de ma famille, soutenir dignement mon nom, je donne ma parole d'honneur sacrée que je n'ai jamais eu d'autre but que celui d'entrer au service de la première puissance qui rentrerait en état de guerre, et que si telle autre que l'Angleterre avait fait auparavant la guerre contre telle autre puissance que ce soit, j'aurais sollicité avec les mêmes instances, un emploi militaire dans l'armée de l'une ou de l'autre. J'ai désiré joindre à l'envoi de mes papiers cette profession de foi, afin qu'il ne puisse s'élever aucun doute sur le véritable but vers lequel mes vœux, mes démarches et mes correspondances se sont constamment dirigés depuis la paix, celui de rentrer le plus tôt possible dans la carrière militaire (2).

« Signé : L. A. H. de Bourbon. »

Cette note est digne du prince ; malheureusement sa parole d'honneur, sa passion pour les armes, son but qu'il proclame

(1) *Correspondance de Napoléon*, t. IX.

(2) *Corresp. du duc d'Enghien*, Boulay de la Meurthe, p. 538, t. III.

bien haut, ne pouvaient atténuer les rigueurs de la loi. N'avait-il pas dit, en parlant des Français, « nos implacables ennemis » (1). N'avait-il pas montré une soif insatiable de les combattre « dans le cas où les circonstances amèneraient une guerre continentale » (2). Il était trop tard : l'explication qu'ajouta le duc au procès-verbal ne fit que confirmer son désir *de faire la guerre, même à la France.*

Dès les préliminaires de l'arrestation, le premier Consul avait résolu de faire garder le duc d'Enghien sous le sceau du secret, et avait choisi, pour ce but, le château de Vincennes, hors Paris : la présence, dans la capitale, de nombreux royalistes et d'émigrés rentrés en vertu de l'amnistie, imposant les plus sévères mesure de prudence.

Le 20 mars, Murat, gouverneur de Paris, reçut la nouvelle de l'arrivée du prince « par la route de Meaux » (3) et l'avis de son transfert à Vincennes. Harel, commandant de cette place, en fut de même avisé (4).

Le mystère le plus complet entoura l'entrée du duc d'Enghien dans la capitale ; il arriva au lieu de sa détention comme un individu dangereux, entouré de gendarmes, à la faveur de l'obscurité. Ces mesures préparatoires ont certifié que l'exécution du prince était prévue ; elles ont révolté ceux qui ont touché de près cette histoire ; elle émeut, mais ne peut étonner, encore moins scandaliser ; car, « la question posée comme elle l'était ne pouvait avoir qu'une solution funeste », dit M. Thiers (5). Jamais parole ne fut plus véridique ; et quant aux préparatifs de la mort du duc d'Enghien, trop d'intérêts politiques étaient en jeu pour ne pas les faire hâter.

De quels désordres Paris aurait été le théâtre si, le procès traînant en longueur, on fût arrivé à connaître l'existence du

(1) *Corresp. du duc d'Enghien*, Enghien à Stuart, 15 février 1804, t. I.
(2) *id.* id. 15 janvier 1804, t. I.
(3) Welschinger, *Le duc d'Enghien*, pp. 297-298, Corresp. Napoléon Ier.
(4) id. *id.* p. 301.
(5) *Histoire du Consulat et de l'Empire*, t. IV, p. 605.

duc à Vincennes? Quel discrédit le gouvernement aurait-il souffert si, la noblesse s'unissant à la bourgeoisie, avait fait le jeu de l'étranger pour la délivrance du dernier des Condé? Or, tout était possible à cette époque. Des bandits redoutables infestaient la capitale; un mot d'ordre entre eux suffisait pour allumer la guerre civile.

Le silence a enveloppé cette procédure de quelques heures : il était nécessaire.

La mort du duc d'Enghien est un événement sur lequel Napoléon ne put avoir aucun scrupule (1). La loi a secondé ses vues premières, il est vrai ; mais cette loi fut, selon lui, « régulièrement et strictement observée » (2).

(1) *Mémorial de Sainte-Hélène,* 20 novembre 1816.

(2) *id.* id.

DEUXIÈME PARTIE

LA PROCÉDURE

La commission militaire.

La mission de Réal. L'instruction.

Le jugement.

I

Le procès du duc d'Enghien fut instruit par une commission militaire composée selon la loi du 19 Fructidor an V.

Malgré les critiques nombreuses, les attaques diverses qui ont été faites contre cette forme de procédure, nous soutiendrons formellement, au nom de la même loi, que le duc d'Enghien ne pouvait être jugé qu'en vertu des dispositions de cette loi ; car elle disait : « Les émigrés qui, *ayant porté les armes contre la France,* seront arrêtés, soit en France, soit en pays ennemis ou conquis (1), *seront jugés par une commission militaire* de sept membres », etc. (2).

De plus, la commission militaire étant « une juridiction exceptionnelle, créée pour frapper promptement et sûrement les adversaires de la Révolution, rebelles, émigrés, prêtres insermentés » (3), Bonaparte, exposé sans cesse à la vengeance des factions, s'était fait reconnaître, dès 1800, « par le Conseil d'Etat, le droit d'appliquer ce mode de jugement aux émigrés rentrés... auxquels il avait ajouté, de sa propre autorité, les embaucheurs et les espions qui étaient justiciables des conseils de guerre, les conspirateurs qui relevaient des tribunaux criminels » (4).

Ce n'était pas trop se préserver : le premier Consul s'assurait ainsi le moyen de se défaire promptement de ceux qui attentaient à sa vie et à la sûreté de l'Etat.

Les deux conditions de rebelle et d'embaucheur étaient

(1) Nous avons observé, au sujet de l'arrestation, qu'une convention seule pouvait étendre les clauses de la loi à une nation alliée. Le duc étant arrêté en vertu de cette convention, il n'est question ici que de régler son procès.

(2) D'après Welschinger, *Le duc d'Enghien*, pp. 322-323.

(3) *Corresp. du duc d'Enghien,* Boulay de la Meurthe, t. II, p. 178.

(4) *id.* id. t. II, p. 178.

applicables au duc d'Enghien ; elles seules suffisaient à le rendre justiciable du conseil de guerre.

L'auteur de la « Libre défense des accusés », déclare que les commissions militaires n'avaient pas à connaître les complots contre l'Etat : que, par conséquent, celle qui fut convoquée en l'an XII pour instruire le procès du duc (1), était tenue de se déclarer incompétente et de refuser de siéger. Cette assertion n'est pas juste : Napoléon connaissait les lois de son temps qu'il avait beaucoup étudiées ; or, il dit au Conseil d'Etat, le 3 Germinal : « Le duc d'Enghien a été jugé par une commission militaire et il en était justiciable ; il avait porté les armes contre la France ; il nous avait fait la guerre. On verra, par les papiers saisis chez lui, qu'il n'était à Ettenheim que pour être à portée d'entretenir une correspondance dans l'intérieur de la France » (2).

Il devait, plus tard, compléter sa justification au sujet du procès, par rapport aux conspirateurs directs contre sa personne : « Les hommes d'Etat, dit-il, m'ont reproché une grande faute dans le procès [de Georges, Pichegru et Moreau], et l'ont comparée à celle de Louis XVI dans l'affaire du collier qu'il mit entre les mains du Parlement au lieu de la faire juger par une commission. Selon ces hommes d'Etat, j'aurais dû me contenter de livrer les coupables à une commission militaire ; c'eût été terminé en deux fois vingt-quatre heures ; je le pouvais, c'était légal, et l'on ne m'en eût pas voulu davantage » (3).

Or, Pichegru et Moreau avaient porté les armes contre leur patrie, et Bonaparte dit : « c'était légal ». La commission militaire pouvait donc juger le duc d'Enghien ; et si l'on avait pu saisir avec lui Dumouriez, comme on l'espérait, tous deux eussent été justiciables de ce tribunal. Si Georges, Pichegru et Moreau furent jugés par le tribunal criminel du départe-

(1) Pièces judiciaires et historiques relatives au procès du duc d'Enghien (Bruxelles, 1823).

(2) *Corresp. du duc d'Enghien*, Boulay de la Meurthe, t. II, p. 421.

(3) *Mémorial de Sainte-Hélène*, 20 novembre 1816.

ment de la Seine, *en séances publiques,* c'est que leur instruction, malgré l'agitation qu'elle provoqua, ne pouvait être un élément de guerre civile ; qu'elle devait, au contraire, intimider les royalistes demeurés cachés, et les empêcher d'agir par crainte du même sort.

Ce fut une leçon à l'usage des criminels à venir, que le premier Consul crut devoir leur donner ; plus terrible encore devait être celle dont le duc d'Enghien fut le premier sujet ; elle terrorisa les conspirateurs, et « de ce jour, les conspirations cessèrent » (1).

Bonaparte choisit lui-même, le 20 mars, les membres de la commission militaire, ainsi que le prouve cette lettre à Murat :

« Vous trouverez ci-joint un arrêté relatif au duc d'Enghien. Vous nommerez le général Hulin pour présider la commission. Il semble que vous pouvez la composer du colonel du 1er de cuirassiers, de celui du 18e de cavalerie, de l'un des deux colonels de la garde de Paris, de celui de la 4e légère, du 18e de ligne et de la 96e. Vous pourrez nommer comme accusateur l'adjudant major de la gendarmerie d'élite » (2).

Murat, gouverneur de Paris, n'eut qu'à ratifier ce choix qui, d'ailleurs, était raisonnable et conforme à l'honneur ; on a cependant beaucoup reproché à Bonaparte la désignation du général Hulin. M. Boulay de la Meurthe dit qu'il le fit « en raison des opinions jacobines » de cet officier. Nulle preuve ne le certifie ; et, sans faire aucune hypothèse contraire, nous dirons qu'il paraît très simple que, dans cette grave occasion, l'honneur fût fait au général en chef de la garde consulaire.

Le choix des commissaires rentra dans les termes de la loi du 19 Fructidor an V, disant qu'ils devraient être désignés par le général commandant la division dans laquelle on aurait arrêté le prévenu ; car, s'ils ne furent pas choisis dans la division où eut lieu l'arrestation, ils l'ont été dans celle du

(1) *Mémorial de Sainte-Hélène*, 20 novembre 1816.

(2) *Corresp. du duc d'Enghien*, Boulay de la Meurthe, t. III, p. 546.

lieu de détention : la loi ne fut contournée qu'autant que les circonstances le commandaient.

Un malheur très réel est que pas un, parmi les membres de cette commission, n'ait connu un seul mot du code qu'il était appelé à invoquer : de l'aveu personnel du général Hulin, « chacun avait gagné ses grades sur le champ de bataille ; aucun n'avait la moindre notion en matière de jugement » (1).

C'est ce qui fera dire à M. Welschinger (2) : « Il est à regretter, plus que jamais, qu'à ces hommes ignorants des lois, il n'ait pas été adjoint un homme compétent pour les guider et les éclairer ». Et il ajoute en note : « Le premier Consul, qui prévit tout, aurait-il laissé au hasard le choix de l'interrogateur ? »

Non ; cet interrogateur était choisi, député même vers eux en temps voulu : c'était M. Réal.

Aucun papier, aucune pièce justificative ne furent livrés à l'examen des juges pour dresser l'interrogatoire : là est, selon M. Welschinger, une des fautes du premier Consul.

« Pourquoi, dit-il (3), la commission n'a-t-elle pas eu sous les yeux le procès-verbal d'ouverture des papiers où le duc avait écrit « qu'il n'avait jamais eu d'autre intention que de servir et de faire la guerre? Il en résulte donc, dit-il ailleurs (4), [que ces papiers] n'étaient pas d'une gravité fort compromettante pour le prince, car ils auraient été communiqués à la commission. Si réellement la note à sir Ch. Stuart était une pièce fatale... pourquoi cette note désolante qui avait, paraît-il, consolidé les soupçons du premier Consul et rallumé sa colère, pourquoi cette note n'avait-elle pas été transmise aux juges? » (5).

(1) Welschinger, *Le duc d'Enghien*, p. 327.

(2) id. *id.* p. 328.

(3) Welschinger, *Le duc d'Enghien*, p. 329.

(4) id. *id.* p. 315.

(5) On verra au chapitre suivant que le duc n'était pas innocent comme M. Welschinger veut nous le persuader.

Or, les juges n'ayant pas « la moindre notion en matière de jugements », Bonaparte, Réal, Talleyrand, le Grand Juge Régnier, n'étaient-ils pas les examinateurs autorisés de ces papiers, les vrais critiques de leur valeur?

Il suffisait que ces hommes les connussent, et donnassent à la commission militaire, pour baser son interrogatoire, la copie de la décision gouvernementale, prise le matin du 20 mars par les Consuls assistés du Grand Juge, résumé succinct, mais complet, des charges qui pesaient sur le duc d'Enghien. Il portait :

« Le gouvernement arrête que le ci-devant duc d'Enghien, prévenu d'avoir porté les armes contre la République, d'avoir été et d'être encore à la solde de l'Angleterre, de faire partie des complots tramés contre la sûreté intérieure et extérieure de la République, sera traduit devant une commission militaire composée de sept membres, nommés par le général gouverneur de Paris, et qui se réunira à Vincennes (1).

On voit que, dans cet arrêté, les trois accusations qui y sont portées, étant établies sur des preuves irréfutables, il fut très naturel à Bonaparte de croire la condamnation certaine.

---

(1) *Correspondance de Napoléon Ier*, t. IX; Welschinger, *Le duc d'Enghien*, p. 313.

II

Le 20 mars 1804, le premier Consul écrivit à M. Réal : « Il parait que le duc d'Enghien est parti le 26 (Ventôse) à minuit, ainsi il ne peut pas tarder à arriver. Je viens de prendre l'arrêté dont vous trouverez ci-joint copie. Rendez-vous sur le champ à Vincennes pour faire interroger le prisonnier » (1).

En envoyant Réal auprès du duc d'Enghien, Bonaparte lui confiait une mission des plus hautes : muni de ses pleins pouvoirs, le chef de la sûreté se trouvait chargé d'interroger le prince et d'obtenir un supplément d'informations qui manquait à la politique de la France. La preuve en est dans les paroles du premier Consul à Savary après l'exécution. « Il y a quelque chose que je ne comprends pas, dit-il ; que la commission ait prononcé sur l'aveu du duc d'Enghien, celà ne me surprend pas. Mais enfin on n'a eu cet aveu qu'en procédant au jugement, qui ne devait avoir lieu qu'après que M. Réal l'aurait interrogé sur un point qu'il nous importe d'éclaircir » (2).

Peut-être Bonaparte voulut-il aussi, par la révélation du nombre et des noms des correspondants du prince à l'étranger recueillir des renseignements précieux et attendus. Enfin il chargeait Réal de veiller à la rédaction du jugement dans les termes voulus et d'éclairer les membres de la commission sur les lois qui devaient être les bases de la procédure.

Cette mission est qualifiée par M. Welschinger, d' « artifice », de « trompe l'œil » (3). Et il met à l'appui de cette théorie l'objection que Bonaparte « savait bien que si Réal lui-même allait interroger le duc d'Enghien, les réponses du prince établiraient nettement son innocence, et que, dès lors, la grâce s'imposerait ».

(1) *Correspondance Napoléon Ier*, t. IX.

(2) Welschinger, *Le duc d'Enghien*, p. 347.

(3) id. *id.* p. 269.

Nous répondrons à ces assertions par deux vérités : 1° Que la mission de Réal existe, la correspondance de Napoléon, dans laquelle nous avons copié sa lettre, atteste la véracité de ses ordres.

2° Que Réal n'alla point à Vincennes le 20 mars, mais le 21 ainsi que le raconte M. Pasquier dans ses mémoires (1).

Les preuves manquent pour affirmer ou raconter ce qui se passa chez lui ce soir là. M. Thiers dit que « exténué par un travail de plusieurs jours et de plusieurs nuits, il avait défendu à ses domestiques de l'éveiller » (2). Qu'alors il n'aurait lu la lettre que le matin, du 21 mars. D'autre part, plusieurs ont affirmé « qu'il jouait aux dames avec son neveu, Rolland, l'air inquiet, s'interrompant à plusieurs reprises pour dire, en regardant la pendule « à présent, on en est à telle chose » (3).

Enfin, M. Welschinger accuse, tantôt Bonaparte d'avoir voulu donner le change à l'opinion en faisant croire à « une grâce possible » (4), tantôt Réal d'avoir désobéi à un ordre formel dont l'exécution aurait sauvé le prince.

Nous devons prouver que la présence de Réal à Vincennes n'eût fait qu'assurer la condamnation.

Rien ne pouvait sauver le duc d'Enghien, pas même l'interrogatoire qui devait lui être posé et que nous étudions ici.

1° Avez-vous porté les armes contre la France ? La réponse du duc à Réal n'eût pas différée de celle-ci, transcrite à l'interrogatoire : «... ensuite le corps de Condé s'est formé et j'ai fait toute la guerre. J'avais, avant cela, fait la campagne de 1792 en Brabant, avec le corps de Bourbon, à l'armée du duc Albert ».

2° Avez-vous été à la solde de l'Angleterre ?

Cette question est basée sur la note du Grand Juge, du 12 mars ; on la retrouve à l'arrêté du gouvernement, et le général

(1) *Corresp. du duc d'Enghien*, Boulay de la Meurthe, t. II, p. 342.

(2) *Histoire du Consulat et de l'Empire*, t. IV, mars 1804.

(3) Welschinger, *Le duc d'Enghien*, p. 355.

(4) id. *id.* p. 354.

Hulin la posa ; les procès-verbaux du procès enregistrent la réponse du prince : celui-ci reçoit toujours un traitement du gouvernement britannique, mais il n'a que cela pour vivre ; et c'était une nuance que Réal eût saisie.

3° Avez-vous voulu offrir vos services à l'Angleterre pour combattre l'armée qui marchait sous les ordres du général Mortier pour conquérir le Hanovre ?

Il est ici question de la campagne de 1803, que le duc d'Enghien prévoyait lorsqu'il écrivait le 25 janvier à son père le duc de Bourbon : « Je désire bien savoir si vous approuvez la direction qui me plairait dans le cas que je suppose », (c'est-à-dire la reprise de la guerre) (1).

4° N'avez-vous pas eu de correspondances avec les Anglais et ne vous êtes-vous pas mis à leur disposition depuis la présente guerre pour toutes les expéditions qu'on voudrait faire contre la France, à l'intérieur et à l'extérieur, et n'avez-vous pas oublié les sentiments de la nature jusqu'à appeler le peuple français « votre plus cruel ennemi ? ».

Cela était strictement vrai ; le prince dit, dans sa note à M. Stuart du 15 janvier 1804 : « Le duc d'Enghien pénétré du désir le plus vif de ne point rester inactif dans la continuation d'une guerre qui touche de si près ses intérêts les plus chers, etc... »

Un mois après il ajoutait, parlant au même personnage : « J'ose espérer que les Anglais me jugeront digne de combattre avec eux nos implacables ennemis, et me permettront de partager leurs périls et quelque portion de leur gloire » (2).

5° N'avez-vous pas proposé de lever une légion et de faire déserter les troupes de la République, en disant que votre séjour pendant deux ans près des frontières, vous avait mis à même d'avoir des intelligences parmi les troupes qui sont sur le Rhin ?

Le premier Consul avait lu, dans les papiers du duc d'En-

(1) *Corresp. du duc d'Enghien*, Boulay de la Meurthe, t. I, Enghien à Bourbon.

(2) Note du duc d'Enghien du 15 février 1804.

ghien, ces mots significatifs : « Il (le duc) doit donc se borner à solliciter de S. M. la grâce de jeter les yeux sur lui..... soit en daignant lui confier le commandement de quelques troupes auxilliaires dans lesquelles il pût placer..... les déserteurs qui pourraient venir le joindre. Le nombre en serait grand dans ce moment, dans les troubles de la République. Le duc d'Enghien, pendant un séjour de deux ans sur les frontières de France, a été à portée de s'en convaincre d'une manière positive » (1).

6° Est-il à votre connaissance que les Anglais ont repris à leur solde et donneront encore des traitements aux émigrés cantonnés à Fribourg, à Offenbach, à Offenbourg et sur la rive droite du Rhin ?

L'attention du premier Consul fut éveillée sur ce point : 1° par une circulaire du baron de Saint-Jacques, secrétaire du duc d'Enghien, aux pensionnés de l'Angleterre ; 2° par une note des lords commissaires du Trésor, sur les gratifications à donner aux protégés du prince de Condé (2). Enfin Bonaparte avait de ce fait une quasi-certitude, ainsi qu'il le témoigne dans sa lettre à Réal du 19 mars : « Je désire deux choses, écrit-il ; la première que vous fassiez mettre, dans tous les journaux, un article qui fasse connaître que l'Angleterre, au moment où elle envoyait Georges sur nos côtes, prenait à solde tous les émigrés qui se trouvent en Allemagne » (3).

Cette question dut être posée dans le but de recueillir des détails intéressant la politique extérieure : celle qui suit est plus directe :

7° N'aviez-vous pas des correspondances avec les individus composant ces rassemblements et n'êtes-vous pas à leur tête ?

Or, deux choses parlaient contre le duc d'Enghien en cette circonstance : 1° Selon M. Boulay de la Meurthe, les indiscré-

(1) Note du duc d'Enghien, 15 janvier 1804, *Corresp. du duc d'Enghien*, t. I, p. 457.

(2) *Corresp. du duc d'Enghien*, t. II, p. 451.

(3) *Correspondance de Napoléon Ier*, t. IX.

tions de M. de Mussey, qui aurait dit à Méhée de la Touche que le duc était leur chef désigné si une légion de Condéens devait un jour se reformer.

2° Le bulletin de Police générale, rédigé par le capitaine Lamothe, et qui dit : « La correspondance de l'ex-duc est, depuis quelque temps beaucoup plus active. Il a reçu plusieurs courriers d'Offenburg et de Freiburg, et en a envoyé dans les mêmes lieux ».

La lumière eût pu être jetée sur ces correspondances, si le duc avait été appelé à répondre sur ce point ; de même sur la question suivante :

8° Quelles sont les correspondances que vous avez en Alsace ? Quelles sont celles que vous avez à Paris ? Quelles sont celles que vous avez à Bréda et dans l'armée de Hollande ?

Dans son interrogatoire, une question fut posée sur ses correspondances en France ; le duc y avait répondu qu'il en entretenait avec des amis restés fidèles, « pour leurs affaires et les siennes ». Il avait ailleurs plusieurs correspondants qu'il nomme « négociants », dans sa lettre au duc de Bourbon du 25 janvier 1803.

9° Avez-vous connaissance du complot tramé par l'Angleterre et tendant au renversement de la République ? »

Si le duc d'Enghien crut peu aux conspirations contre la vie du premier Consul, il connut fort bien les préparatifs du camp de Boulogne, les inquiétudes de l'Angleterre et ses projets pour empêcher l'invasion qui la menaçait : car il disait à son père, dans sa lettre du 25 janvier : « On se met sur un pied formidable, et, pour ne pas réveiller le chat on le flatte » ; etc.

« Le complot ayant réussi, dit encore Napoléon, ne deviez-vous pas entrer en Alsace et même vous porter à Paris suivant les circonstances ? ».

Certes, le duc d'Enghien y songeait, car le 22 septembre 1803, au sujet de la prise d'armes de la France, il prévoyait les dangers que courrait Bonaparte dans le cours de son expédition, dans laquelle il pouvait succomber.

« Sans doute dans ce cas, disait-il au duc de Bourbon, l'Ouest serait du plus grand intérêt, mais je crois que l'Alsace, quelques portions des troupes qui s'y trouvent et le point de réunion que ma personne donnerait, ne sont pas des objets à négliger » (1).

La dixième et la onzième questions portent sur la connaissance qu'aurait pu avoir le duc d'Enghien, de Vaudricourt et de la Rochefoucauld, tous deux conspirateurs contre l'Etat.

Donc, sur onze questions, les cinq premières pouvaient condamner le duc d'Enghien ; la neuvième était écrasante ; les cinq autres n'auraient pas suffi si elles avaient été satisfaisantes pour lui, à le décharger des premières.

Ainsi la culpabilité de Bonaparte, la noirceur de sa conduite, cette « manœuvre concertée entre Réal et son maître » dont parle M. Welschinger (2), sont autant de légendes formées par le parti-pris.

La finale de la lettre du premier Consul, malgré son tour spécial : « Il sera nécessaire, que vous conduisiez l'accusateur public, et que vous l'instruisiez de la suite rapide à donner à la procédure » (3), ne mérite qu'une explication : la condamnation étant prévue, y avait-il tant d'infamie à donner à Réal cet avis, en supplément des derniers ordres envoyés à Murat le même jour ?

L'absence de Réal causa les fautes que l'on remarque dans la rédaction du jugement, qui ne put être faite dans les formes légales ; et, par suite de ces fautes, on conteste encore la légalité de la sentence que les juges ont rendue.

(1) *Corresp. du duc d'Enghien*, t. I.

(2) Welschinger, *Le duc d'Enghien*, p. 356.

(3) *Correspondance de Napoléon Ier*, t. IX.

III

Le 20 mars, à onze heures du soir, le duc d'Enghien fut interrogé par le capitaine rapporteur, Dautancourt, conformément au choix du premier Consul, assisté du chef d'escadron Jacquin, des deux gendarmes Lerva et Tharsis, et de Molin « greffier choisi par le rapporteur » (1).

L'interrogatoire révéla, d'après le procès-verbal rédigé par Dautancourt le 29 Ventôse à minuit : 1° La situation d'émigré du prince, par la date de sa sortie de France, juillet 1789 : et par ses séjours successifs à Mons, Bruxelles, Turin, Worms, etc. 2° Ses états de service dans l'armée de Condé et celle du duc Albert, au profit de la coalition ; il confirma les soupçons du gouvernement sur la solde qui était donnée par l'Angleterre aux Condéens. 3° La continuation du paiement de cette solde au duc d'Enghien : « Il n'a que cela pour vivre » dit le procès-verbal. La circonstance atténuait le fait, certes ; mais le duc en profitait pour se donner, ainsi qu'il l'écrivit à son père (2), « la facilité de se proposer » gratuitement à toutes les puissances qui rentreraient en état de guerre.

4° Ses grades gagnés au corps de son grand-père dans les armées coalisées.

5° La négation absolue du prince au sujet de ses relations avec Pichegru et Dumouriez.

Le duc n'était donc, au point de vue des lois, réellement innocent que sur sa non-participation aux complots contre la vie du premier Consul : ce qu'il était superflu de témoigner, le contenu de ses papiers l'avait assez prouvé, puisque le duc

---

(1) Rapport dressé par Dautancourt.

(2) *Corresp. du duc d'Enghien*, Enghien à Bourbon, 2 février 1802 : « Je voudrais d'avance être assuré de conserver le traitement anglais qui, seul, peut me donner la facilité de me proposer puisque je ne serais pas à charge à la puissance que je servirai ».

d'Enghien ne devait être jugé que sur le seul arrêté du gouvernement, lequel n'en fait pas mention. Deux fautes furent commises dans l'instruction du procès ; les articles 17 et 19 de la loi du 13 Brumaire an V ne furent point suivis (1) ; le premier spécifie que le procès-verbal d'interrogatoire doit-être lu au prévenu « afin qu'il déclare si ses réponses ont été fidèlement transcrites, si elles contiennent vérité, et s'il y persiste ; auquel cas il signera ». Le procès-verbal ne fait pas mention de cette formalité.

L'article 19 impose au prévenu le choix d'un défenseur « s'il ne peut le faire, le rapporteur le fera pour lui » : ce défenseur a manqué au duc d'Enghien.

Dans l'omission de ces détails, on sent l'ignorance qu'avaient ces soldats de toute procédure ; on reconnaît que la présence de Réal était nécessaire.

Maïs une irrégularité bien autrement grave allait être commise.

Le duc d'Enghien pressent que sa situation est désespérée ; il demande alors au capitaine rapporteur la faveur d'écrire quelques lignes au bas du procès-verbal : c'est son recours en grâce auprès du maître de la France ; il espère tout de l'audience qu'il réclame comme un droit qui ne saurait lui être contesté :

« Mon nom, mon rang, ma façon de penser et l'horreur de ma situation, écrit-il, me font espérer qu'il ne se refusera pas à ma demande » (2).

Mais avant que le prince obtienne cette audience, il fallait faire agréer sa prière ; en cette occasion comme en tout autre, l'honneur guida les membres du Tribunal. « La commission y déféra », dira plus tard Hulin (3). A elle donc ne reviendra pas la grande responsabilité d'avoir repoussé la requête du prince ; la culpabilité entière revient pleinement au général Savary qui déclara la demande « inopportune » (4).

---

(1) *Corresp. du duc d'Enghien*, Boulay de la Meurthe, t. II.

(2) Welschinger, *Le duc d'Enghien*, p. 324.

(3-4) id. *id.* p. 326.

Aveuglément zélé au service de Bonaparte, cet officier, sans considérer que la plus élémentaire loyauté lui ordonnait de faire droit au recours du duc d'Enghien, ne vit que la précision des ordres adressés à Murat le 20 mars. — « Tout finir dans la nuit » (1). — Il est évident que, personne ne lui demandant son avis, il ne devait pas entrer dans ces graves débats, car il n'était pas membre de la commission militaire.

En outrepassant ses pouvoirs, Savary donna l'exemple de cet « excès de zèle » que Napoléon devait un jour constater publiquement (2) ; et s'il y eut crime dans la mort du duc d'Enghien, c'est lui qui en assuma la responsabilité, et non le premier Consul, qui agissait en vue de « la sûreté, de la dignité et de l'honneur du peuple français » (3), ne prévoyant pas que le duc d'Enghien, le soir même de son emprisonnement à Vincennes, lui adresserait ce suprême appel.

En vain objectera-t-on que la faute lui revient, vu son ordre exprès d'agir promptement : on répondra avec nous que le recours en grâce du prince ayant été connu des juges entre minuit et une heure du matin, et le jour ne paraissant pas, à cette époque, avant six heures, on avait le temps de faire parvenir ce recours auprès du premier Consul. Un exprès venu de Vincennes eût certainement pénétré jusqu'à lui ; et quelle qu'ait été l'heure de l'audience, la commission militaire eût dû attendre son retour à Vincennes pour se prononcer définitivement.

Les événements auraient pris peut-être un autre cours, si l'entrevue souhaitée par le prince avait eu lieu sur l'assentiment du premier Consul : la peine méritée eût pu être commuée, sans cette faute initiale dont Savary demeurera coupable irrémédiablement aux yeux de la postérité et de l'Histoire.

---

(1) *Corresp. du duc d'Enghien*, Boulay de la Meurthe, t. III, p. 546.

(2) *Mémorial Sainte-Hélène*, 20 novembre 1816.

(3) Testament de Napoléon, article 1er.

IV

Après avoir signé l'arrêté du gouvernement, donné à Réal sa mission, et à Murat ses derniers ordres, Bonaparte pouvait croire son rôle terminé: la loi n'avait plus qu'à opérer par l'intermédiaire d'hommes d'honneur que, jusqu'ici, les historiens n'ont songé à accabler que parce que l'accusé du 30 Ventôse était un prince de Bourbon et, selon eux, un être à l'abri de toutes les rigueurs.

Le procès-verbal du jugement nous prouve que le duc d'Enghien fut condamné par ses propres actes, le voici:

« Aujourd'hui, 30 Ventôse, an XII de la République, la commission militaire formée en exécution de l'arrêté du gouvernement, en date du 29 du courant, composée des citoyens Hulin, général commandant les grenadiers de la garde des consuls, président; Guiton, colonel du 1er régiment de cuirassiers; Bazancourt, colonel du 4e régiment d'infanterie légère; Ravier, colonel du 18e régiment d'infanterie de ligne; Barrois, colonel du 96e; Rabbe, colonel du 2e régiment de la garde de Paris; le citoyen Dautancourt, remplissant les fonctions de capitaine-rapporteur, assisté du citoyen Molin, capitaine du 18e régiment d'infanterie de ligne, choisi pour remplir les fonctions de greffier; tous nommés par le général gouverneur de Paris.

« A l'effet de juger le ci-devant duc d'Enghien, sur les charges portées dans l'arrêté précité. »

« Le président a fait amener le prévenu libre et sans fers (1), a ordonné au capitaine-rapporteur de donner connaissance des pièces tant à charge qu'à décharge (2) au nombre d'une (3).

(1) Loi du 13 Brumaire an V, en conformité de l'article 26.
(2) id. id. id. 25.
(3) L'arrêté du gouvernement.

« Après lui avoir donné lecture de l'arrêté susdit, le président lui a fait les questions suivantes :

« Vos noms, prénoms, âge et lieu de naissance?

« A répondu se nommer Louis-Antoine-Henri de Bourbon, duc d'Enghien, né à Chantilly le 12 août 1772.

« A lui demandé s'il a pris les armes contre la France?

« A répondu qu'il avait fait toute la guerre et qu'il persistait dans la déclaration qu'il a faite au capitaine-rapporteur et qu'il a signée. A de plus ajouté qu'il était prêt à faire la guerre et qu'il désirait avoir du service dans la nouvelle guerre de l'Angleterre contre la France.

« A lui demandé s'il était encore à la solde de l'Angleterre ?

« A répondu que oui : qu'il recevait par mois cent cinquante guinées de cette puissance.

« La commission, après avoir fait donner au prévenu la lecture de ses déclarations par l'organe de son président, et lui avoir demandé s'il avait quelque chose à ajouter pour sa défense (1), il a répondu n'avoir rien à dire de plus et y persister.

« Le président a fait retirer l'accusé ; le conseil délibérant à huis clos, le président a recueilli les voix en commençant par le plus jeune en grade (2) ; le président ayant émis son opinion le dernier, l'unanimité des voix l'a déclaré coupable, et lui a appliqué l'art. ... de la loi du ...... ainsi conçu : (4)........ et, en conséquence, l'a condamné à la peine de mort.

« Ordonne que le présent jugement sera exécuté de suite, à la diligence du capitaine-rapporteur (3), après en avoir donné lecture en présence des différents détachements des corps de la garnison, au condamné. Fait, clos et jugé sans désemparer, à Vincennes, les jour, mois et an que dessus; et avons signé :

« P. Hulin, Bazancourt, Rabbe, Barrois, Dautancourt,
« rapporteur ; Guitton, Ravier ».

(1-2-3) Loi du 13 Brumaire, articles 28, 30 et 36, d'après les notes de M. Boulay de la Meurthe, p. 337-338.

(4) Les blancs n'ont pas été comblés sur la pièce officielle.

Il est aisé de remarquer, avec M. Boulay de la Meurthe (1) que le duc ne fut point interrogé sur sa participation au complot de l'Angleterre contre la République, question stipulée dans l'arrêté du gouvernement, et « qui était pourtant la principale ».

On ne peut guère expliquer cette omission qu'en se référant aux récits d'Hulin (2) et de Savary (3) : dans ces deux ouvrages nous voyons que le duc d'Enghien a devancé la question du président, mentionnée au procès-verbal du jugement en conformité de l'article 28 (4).

Il aurait dit à Hulin : « Monsieur je n'ai plus rien à vous dire », après sa déclaration au sujet de sa demande de service dans les armées anglaises.

La question sur sa solde aurait été posée avant l'entrée de Savary dans la salle des débats (5).

Tous les historiens, jusqu'à ce jour, ont déclaré la sentence frappée d'invalidité parce que le texte de la loi ne fut pas cité à l'appui de la condamnation, parce qu'Hulin, pour recueillir les voix, ne posa point à ses collègues les questions requises par l'article 36 de la loi du 13 Brumaire an V ; — N... accusé d'avoir commis tel délit est-il coupable ? — Enfin parce que la sentence ne fut point proclamée en séance publique.

Nous faisons droit à leur opinion ; mais, ainsi qu'une convention seule avait pu régler l'arrestation du prince, des mesures exceptionnelles devaient être prises pour la sécurité publique : le procès, instruit en pleine nuit, la sentence lue au condamné devant le seul détachement qui devait l'exécuter, la rapidité, le secret, sont des procédés que la nécessité seule pouvait imposer : elle était formelle.

---

(1) *Corresp. du duc d'Enghien*, t. II, p. 337, note 1.
(2) Explication aux hommes impartiaux.
(3) Mémoires du duc de Rovigo.
(4) Voir précédemment.
(5) *Corresp. du duc d'Enghien*, t. II, p. 332.

De plus, il est absolument certain que, si la commission signa le procès-verbal malgré ses défauts de forme, c'est qu'elle avait constaté la culpabilité du duc d'Enghien sur les chefs d'accusation contenus dans l'arrêté du gouvernement.

Il serait vain de dire que Bonaparte choisit exprès des soldats incapables, mus seulement par la discipline, afin d'accomplir plus sûrement *le crime;* les termes dans lesquels fut rédigé le procès-verbal, feraient plutôt songer le contraire : on a vu que, presque totalement, la loi a été observée.

Le Premier Consul dut attacher le plus grand prix à l'observance de la loi puisque, tandis qu'il formait, de son propre choix, la commission militaire, il envoyait M. Réal à Vincennes. On sait que des bruits calomnieux se firent entendre à Paris, après la mort du duc d'Enghien, qui soulevèrent un moment l'indignation du Premier Consul. Au Conseil d'État, le 3 Germinal (24 mars), il s'écria : « J'ai fait juger et exécuter promptement le duc d'Enghien pour éviter de tenter les émigrés rentrés qui se trouvent ici ; j'ai craint que la longueur d'un procès, la solennité d'un jugement ne réveillassent dans leur âme des sentiments qu'ils n'auraient pu s'empêcher de manifester ; que je ne fusse obligé de les abandonner à la police, et d'étendre ainsi le cercle des coupables au lieu de le resserrer » (1).

Ces paroles sont une éclatante justification.

Les lois qui condamnèrent le prince furent citées au *Moniteur* du 1er Germinal an XII ; ce furent celles du 6 octobre 1791 et du 21 Brumaire an V. La première disait : Art. Ier. Tout complot et attentat contre la personne du Roi, du Régent et de l'héritier présomptif (remplacés plus tard par la République), sera puni de mort.

Art. II. Toute conspiration tendant à troubler l'Etat par une guerre civile, en armant les citoyens les uns contre les autres ou contre l'exercice de l'autorité légitime, sera punie de mort.

---

(1) *Corresp. du duc d'Enghien*, Boulay de la Meurthe, t. II, p. 431.

La seconde, Art. II, était ainsi conçue : « Tout individu, quelque soit son état, qualité ou profession, convaincu d'espionnage pour l'ennemi, sera puni de mort (1) ».

La Révolution avait imprimé dans ce texte les marques essentielles de ce patriotisme qui frappa sans pitié ceux qui osèrent porter atteinte à son indépendance. Les commissaires du 30 Ventôse avaient trop vécu cette époque à la fois glorieuse et sanglante pour ne point juger coupable celui qui, dans ses réponses, ne put nier sa participation aux complots de l'Angleterre.

« Par sa mort, dit Bonaparte au Conseil d'Etat, le 3 Germinal, le duc d'Enghien nous a payé une partie du sang de deux millions de citoyens français qui ont péri dans cette guerre ».

Ces paroles corroborent l'accusation dont il écrasa le comte d'Artois et ses alliés, en les chargeant de la faute première de l'avoir excité, lui, Premier Consul, pour le salut de sa nation, à espionner à l'étranger pour se garantir de leurs coups.

(1) *Moniteur Universel*, séance du 21 Brumaire an V.

SAINT-GERMAIN-EN-LAYE — IMPRIMERIE MIRVAULT

www.ingramcontent.com/pod-product-compliance
Ingram Content Group UK Ltd.
Pitfield, Milton Keynes, MK11 3LW, UK
UKHW021131230726
13926UKWH00002B/720